Wie weit ist es hinter den Augen hell
How Far Behind the Eyes is it Bright

# Sandra Boeschenstein

Sechs filmische Kapitel von Edith Jud
Six Cinematic Chapters by Edith Jud

Dieses Booklet mit dem Zeichnungszyklus „Wie weit ist es hinter den Augen hell" von Sandra Boeschenstein und Texten von Stephan Kunz und Sibylle Omlin erscheint zur DVD von Edith Jud.

This booklet with the cycle of drawings "How Far Behind the Eyes is it Bright" by Sandra Boeschenstein and texts by Stephan Kunz and Sibylle Omlin is published along with the DVD of Edith Jud.

Edition Marlene Frei Zürich

Inhalt

- 6   Sandra Boeschenstein, Zeichnungen
- 8   Sandra Boeschenstein, Gedanken

- 10   Edith Jud, Kapitelübersicht DVD
- 12   Kapitel 1: Räume – Situationen – Werke
- 14   Kapitel 2: „Denken mit der Direktheit von Brot"
- 16   Kapitel 3: Bewegen mit Präzision
- 18   Kapitel 4: Zeichnungen – Texte
- 20   Kapitel 5: Worte – Fragen
- 22   Kapitel 6: Der Film

- 24   Sandra Boeschenstein, Gedanken
- 28   Stephan Kunz, „Wie weit ist es hinter den Augen hell"
- 38   Sandra Boeschenstein, Zeichnungen
- 50   Sibylle Omlin, In der Sehgrube

- 64   Biographie Sandra Boeschenstein
- 68   Bio- und Filmographie Edith Jud

- 70   Dank und Impressum

# Contents

- 6 Sandra Boeschenstein, Drawings
- 9 Sandra Boeschenstein, Thoughts

- 11 Edith Jud, Outline DVD
- 12 Chapter 1: Spaces – Situations – Works
- 14 Chapter 2: "Thinking with the Directness of Bread"
- 16 Chapter 3: Moving with Precision
- 18 Chapter 4: Drawings – Texts
- 20 Chapter 5: Words – Questions
- 22 Chapter 6: The Film

- 25 Sandra Boeschenstein, Thoughts
- 33 Stephan Kunz, "How Far Behind the Eyes is it Bright"
- 38 Sandra Boeschenstein, Drawings
- 57 Sibylle Omlin, In the Fovea Centralis

- 65 Biography Sandra Boeschenstein
- 69 Biofilmography Edith Jud

- 70 Acknowledgements and Imprint

An der Selbstverständlichkeit der Linie entrollen sich Gedanken mit einer Plötzlichkeit. Die Linie auf dem Blatt zu führen, erfordert eine Grundaufmerksamkeit. Ausserhalb des Fokus springen Gedanken, angesteckt durch die Kühnheit der Linie, und werfen sich so schnell in die Schärfe, dass weder Absicht noch Linearität effizient genug sind. So schieben sich Ahnungen noch als Ahnungen in die paradoxe Schärfe des Gedankens.

Sandra Boeschenstein

Along the self-evidence of the line, thoughts roll out with suddenness. Drawing the line on the paper demands a basic attention. Outside the focus, thoughts leap about, infected by the audacity of the line, and throw themselves so rapidly into keenness that neither intention nor linearity is efficient enough. In this way, inklings slip, still as inklings, into the paradoxical keenness of thought.

Edith Jud, Kapitelübersicht DVD
**Wie weit ist es hinter den Augen hell**

Eine Frage, die sogleich neue generiert, vordergründig präzise Antworten einfordert und sich diesen gleichzeitig auf sprachlicher Ebene verweigert. Sandra Boeschensteins Fragen verweisen auf komplexe Inhalte in ihren Zeichnungen, manchmal in Verbindung mit Worten, ohne sie eindeutig zu setzen. – Diese Ebenen fächert die Videoarbeit in fünf Kapiteln auf, eine filmische Struktur, die einlädt eigene Bezüge zu bilden. Das sechste Kapitel verdichtet die einzelnen Stränge.

**Räume – Situationen – Werke**
**„Denken mit der Direktheit von Brot"**
**Bewegen mit Präzision**
**Zeichnungen – Texte**
**Worte – Fragen**
**Der Film**

Edith Jud, Outline DVD
**How Far Behind the Eyes is it Bright**

A question that immediately calls for newly generated, seemingly precise answers and that at the same time rejects them on the level of language. Sandra Boeschenstein's questions point to complex contents in her drawings, sometimes in connection with words, without placing them unambiguously. – The video fans out these levels in five chapters, a cinematic structure that invites the viewer to make his own connections. The sixth chapter condenses the individual strands.

Spaces – Situations – Works
"Thinking with the Directness of Bread"
Moving with Precision
Drawings – Texts
Words – Questions
The Film

Kapitel 1 / 45 Min.

**Räume – Situationen – Werke**

Sieben Stationen in fünf Jahren, Arbeiten und Eindrücke gefilmt zwischen 2003 und 2008 in Ateliers und Ausstellungen. Ausgangsort und letzte Station ist das Atelier in der Roten Fabrik am Zürichsee. Ihr Raum, ein kleiner Kubus, ein Fenster öffnet den Blick in die Weite. In diesem Mini-Labor verdichtet sie ihre eigenwilligen Gedankenreihen zu neuen Arbeitsansätzen.
Das Kapitel macht sichtbar wie differenziert und doch direkt Sandra Boeschenstein auf Orte und Situationen eingeht oder sich ihnen entgegenstellt. In Schaffhausen, Berlin, Schöppingen (Norddeutschland), Stuttgart und zurück in Zürich.

Chapter 1 / 45 min.

**Spaces – Situations – Works**

Seven stations in five years: works and impressions filmed between 2003 and 2008 in studios and exhibitions. The starting point and last station is the studio in the Red Factory on the shore of Lake Zurich. Her room, a small cube. A window opens the gaze into the distance. In this mini-lab, she concentrates her individualistic trains of thought into new starting points for work.
This chapter demonstrates how differentiatedly and yet directly Sandra Boeschenstein responds to or resists sites and situations. In Schaffhausen, Berlin, Schöppingen (northern Germany), Stuttgart, and back in Zurich.

## Kapitel 2 / 12 Min.
### „Denken mit der Direktheit von Brot"

Brote tauchen in Sandra Boeschensteins Arbeit in unterschiedlichsten Situationen und Bedeutungen auf. Sie formen Haufen, bilden grafische Muster auf Tischen, dienen als Kopfkissen, durchdringen brutal Gehirne oder fliegen schwerelos durch die Luft. Immer wieder bilden sie vertraute haptische Referenzpunkte in grossen, oft nur mit dem Nötigsten möblierten, schwebenden Räumen. Kritische Bereiche stabilisieren sich dank Brot, Brote kräftigen die Menschen. Ein Clou, der im ersten Moment verunsichert, im Zuge des Transformationsprozesses wandelt er sich jedoch zu einem Medium, das neue geistige Bereiche öffnen kann.

## Chapter 2 / 12 min.
### "Thinking with the Directness of Bread"

Loaves of bread appear in Sandra Boeschenstein's work in the widest variety of situations and with the widest variety of meanings. They form piles or graphic patterns on tables, serve as pillows, penetrate brutal brains, or fly weightlessly through the air. Again and again, they are the familiar haptic reference points in large, floating rooms that are often furnished with the bare necessities. Critical areas are stabilized thanks to bread; loaves of bread give people strength. A kicker that initially bewilders one, but in the course of transformation it turns into a medium that can open up new intellectual realms.

Kapitel 3 / 12 Min.

**Bewegen mit Präzision**

Wenn Sandra Boeschenstein zeichnet, wirkt sie ruhig und überaus konzentriert, dennoch arbeitet sie spontan, keine geplante zeichnerische Struktur, sondern Themen, Denkansätze. Die Arbeit kann sich folglich jederzeit in eine neue Richtung bewegen, ein risikoreiches Vorgehen, denn die Tusche lässt keine nachträglichen Korrekturen zu.
Auch klettern erfordert Konzentration auf das Nötigste, Ruhe und Sorgfalt, jederzeit bereit sein, auf ungeahnte Situationen zu reagieren. Sie schrieb: „Der Berg verletzt einen nie, aber ich kann mich am Berg verletzen." Dieser kühne Sport ist Ausgleich zur ruhigen Arbeit am Tisch. Ihre Hingabe ans Detail, in beiden Domänen, scheint geprägt von einer asketischen Euphorie.

Chapter 3 / 12 min.

**Moving with Precision**

When Sandra Boeschenstein draws, she seems calm and extremely concentrated; and yet she works spontaneously, without any planned drawing structure, but only themes and ideas. Consequently, the work can take a new direction at any time – a risky procedure, because ink permits no post-facto corrections.
Climbing, too, demands concentration on the essentials, calmness, and meticulous care; one must be prepared to respond at any time to unforeseen situations. She wrote, "The mountain never injures one, but I can injure myself on the mountain." This daring sport is a balance for her calm work at the table. Here devotion to detail, in both domains, seems molded by an ascetic euphoria.

Kapitel 4 / 12 Min.

## Zeichnungen – Texte

In fünf Jahren bewohnte Sandra Boeschenstein vier verschiedene Räume, an drei Orten, städtisch, grossstädtisch, ländlich. Trotz äusserer Unruhe lebte sie eine sehr produktive Phase. Ein Zyklus von grossen Zeichnungen dokumentiert dies. Es sind Arbeiten, die nicht bereits in den anderen Kapiteln thematisiert werden.
Sprache ist ebenso Teil von Sandra Boeschensteins Werk. Texte als eigenständiges Ausdrucksmittel, die jedoch immanent mit den Inhalten der Zeichnungen korrespondieren, sie stellt Fragen oder setzt Behauptungen. Genauso präzise und akribisch, wie sie ihr zeichnerisches Vokabular durchdekliniert, untersucht sie Sprache.

Chapter 4 / 12 min.

## Drawings – Texts

In five years, Sandra Boeschenstein lived in four different rooms in three different places: in the city, in the big city, in the country. Despite external unrest, a series of large drawings documents that she lived in a very productive phase. They are works that have not been treated yet in the other chapters.
Language is an equal part in Sandra Boeschenstein's oeuvre. Texts as an independent means of expression that nonetheless correspond immanently with the content of the drawings, posing questions or making assertions. She investigates language with the same precision and meticulousness with which she rings the changes of her drawing vocabulary.

Kapitel 5 / 19 Min.

### Worte – Fragen

Eine Auswahl von Worten aus Sandra Boeschensteins persönlichem Vokabular: „Was sind Deine Reste", fragt sie. Was ist folglich die Hauptsache und was meint sie mit Reste, und wer bist Du? Wenn sie sich in ihrer Arbeit immer wieder in prekäre Zonen begibt, sind diese Zonen für sie brüchig, gefährlich? Gleichzeitig bezieht sie sich auf Referenzstellen und überrascht, wenn sie „Tau" anführt.
Oft werden wir in ihrem Werk zuerst mit einer kniffligen Frage konfrontiert. Diese Videoarbeit trägt den Titel: „Wie weit ist es hinter den Augen hell". Was bedeuten ihr Fragen, was dürfen Fragen? Sandra Boeschenstein gibt Antworten.

Chapter 5 / 19 min.

### Words – Questions

A selection of words from Sandra Boeschenstein's personal vocabulary: "What are your remnants" she asks. What is consequently the primary matter and what does she mean by remnants and who are you? If she repeatedly enters precarious zones, are these zones fragile and dangerous for her? At the same time, she relates to reference points and surprises us by listing "dew".
In her work, she often first confronts us with a difficult question. This video work bears the title "How Far Behind the Eyes is it Bright". What do questions mean to her, and what are questions permitted to do? Sandra Boeschenstein provides answers.

Kapitel 6 / 26 Min.

**Der Film**

Der Film verbindet assoziativ die einzelnen Kapitel, verdichtet die Eindrücke, Gespräche, Zeichnungen, Texte und Alltagsbilder. Unterschiedliche Zugänge aus verschiedenen Blickwinkeln schärfen die Themen. Die einzelnen Fragen und Befragungen der Inhalte sind so zugespitzt, dass sie wie Sandra Boeschensteins Brote abheben und dichte Schatten auf andere Aspekte werfen.
Kein lückenloses statisches Puzzlebild aus einem Blickwinkel, sondern Zyklen mit wechselnden Licht- und Schattenstimmungen, die vielleicht ihren Weg hinter die Netzhaut finden.

Chapter 6 / 26 min.

**The Film**

The film associatively connects the individual chapters and condenses the impressions, talks, drawings, texts, and everyday images. Various accesses from different perspectives hone the themes. The individual questions and investigations of the content are so pointed that they take off like Sandra Boeschenstein's loaves of bread and cast heavy shadows on other aspects.
Not an unbroken static puzzle image from one viewpoint, but cycles with changing light and shadow moods that might find their way behind the retina.

Landschaften können Gleitflächen, Leihkörper für exponiertes Denken sein. In einem vergleichbar provokatorischen Verhältnis steht das Zeichnen zum Denken.
Spazieren in realen Topographien unterstützt die gleichzeitige Begehung subtiler innerer Verhältnisse mit schwer erkennbarem, nicht abzugrenzendem oder driftendem Körper. Immer wieder die Überschreitung unserer Übergänge zwischen Wahrnehmen und Denken, hin und her und beides in Bewegung, die Überschreitung und der Übergang. Das ist die mehrfachdynamische Chance der menschlichen Grundkonstanten von Körper und mehr, mit einer nie idealisierbaren und immer ruppigen Zone der Erkenntnis.

Sandra Boeschenstein

Landscapes can be sliding surfaces, borrowed bodies for exposed thinking. Drawing stands in a comparatively provocative relationship to thinking.
Taking a walk in real topographies supports the simultaneous traversal of subtle inner situations with a body that is hard to make out, cannot be delimited, or drifts. Again and again, crossing our boundaries between perceiving and thinking, back and forth, and both in motion, the crossing and the boundary. This is the multiply dynamic opportunity of the basic human constants of body and more, with a zone of knowledge that can never be idealized and is always abrasive.

Stunden in Zonen unterwegs, welche auf präsisesten Landkarten nicht abgebildet sind, riesige Flächen nicht repräsentiert, weil senkrecht oder steiler, da schweigt die kartografische Sprache der Horizontalen. Tausend Meter hohe Wände werden unter einer Millimeterlinie versteckt.
Auch durch meine Arbeit will ich in diese Zonen geraten und versuchen, die Gedanken im richtigen Moment um 90 Grad zu drehen. Den Aufriss als Grundriss: Hunderte von Quadratmetern Normallandschaft schrumpfen zur Linie und die Extremzonen werden als offene Fläche artikuliert und sind vorübergehend im weitesten Sinne begehbarer Raum.

Sandra Boeschenstein

Hours in zones en route that are not recorded in the most
precise maps, vast spaces without representation because they
are vertical or steeper, there the cartographic language of
the horizontal falls silent. Thousand-meter-high walls are hidden
beneath a millimeter-broad line.
I want to come into these zones, also through my work, and try
to turn my thoughts 90 degrees at the right moment. The front view
as ground plan: hundreds of square meters of normal landscape
shrink to a line, and the extreme zones are articulated as an open
surface and are temporarily traversable space, in the broadest sense.

Stephan Kunz
## „Wie weit ist es hinter den Augen hell"

So tief war ein Schlafsack noch nie – tief wie die Nacht. Sandra Boeschenstein gibt ihn in einer linearen Zeichnung geradezu schemenhaft wieder. Einzig sein Inneres ist von dunklem Schwarz erfüllt, woraus die Steppnähte wie Sterne funkeln. Am unteren Rand des Blattes steht in Handschrift geschrieben, was oben dargestellt ist: „Schlafsack". Bild und Text sind unmissverständlich aufeinander bezogen. Und doch eröffnet sich dazwischen ungeahnter Bedeutungsraum: Die reine Funktionalität der wärmenden Hülle wird zum poetischen Bild. Der Sack wird zum Behältnis, er schützt nicht nur gegen aussen vor eindringender Kälte, sondern auch nach innen und behütet den Schlaf und den Traum.

Die beschriebene Zeichnung findet sich im Buch *Ereignisse, grössere und kleinere* (2000), mit dem Sandra Boeschenstein zuerst auf sich aufmerksam machte. Dass ein Künstlerbuch am Anfang ihrer Karriere steht, erstaunt nicht, denn ihre frühen Zeichnungen leben von der Kombination von Bild und Text – sie wollen nicht nur betrachtet *und* gelesen werden, sondern erfordern überhaupt eine Rezeptionsweise, der das Buch sehr entgegenkommt, weil es eine primär intellektuelle Auseinandersetzung impliziert: Die Wahrnehmung beginnt auf einer kognitiven Ebene, doch wird die Logik und das Vertraute sogleich wieder ausgehebelt und verfängt sich in Widersprüchen. Aus rund 200 Einzelblättern ist eine Sammlung entstanden, die ein künstlerisches Kredo durchscheinen lässt: Immer wieder konfrontiert die Künstlerin uns mit vertrauten Gegenständen: einem Tisch, einer Badewanne, einem Kühlschrank, Gummistiefeln oder einer toten Fliege. Darunter steht jeweils in Schreibschrift eine Sentenz als Gedankenanstoss: „Manchmal stirbt ein Tier in meinem Augenwinkel und behindert meine Fahrt." Um genau diesen Unterbruch, um die Irritation geht es: „Die Nadel macht das Handgepäck heikel." Solche kleine „Störungen" wachsen an und bestimmen die Szenerie auch komplexer und vielschichtiger Zeichnungen. Sandra Boeschenstein zeichnet, wie sie schreibt: immer ganz klar und exakt, so dass ihre Zeichnungen wie Gebrauchsanweisungen, Lehrtafeln oder Diagramme erscheinen. Doch statt die Welt zu erklären, öffnen sich immer wieder Abgründe, wenn zum Beispiel im Montageplan für eine Badewanne die Einzelteile wegen „Uneinigkeit" (Inschrift) nie zusammenfinden oder die Biene die Nadel des Insektensammlers mit einem Schleckstengel verwechselt und „staubige Augen" bekommt. „Sicherheit ist ein Gefühl" lesen wir unter einer anderen Zeichnung, und damit stellt sie radikal in Frage, wie wir uns durch die Welt bewegen und worauf wir uns verlassen wollen. Der Blick, den Sandra Boeschenstein auf den Menschen und die Welt richtet, schaut von aussen und dringt nach innen. Die Kamera und das Mikroskop sind Utensilien, die in ihren Zeichnungen oft zitiert werden. Boeschenstein beobachtet, übt am Modell und testet den Ernstfall: „Experimente sind echt" steht unten auf einem leeren Blatt – und könnte unter allen Zeichnungen stehen, denn ihre Versuchsanordnungen verweisen nicht selten auf existenzielle Fragestellungen. Selbst die sachlichste Darstellung schützt nicht davor, dass uns das Unheimliche erreicht und wir zumindest in der Vorstellung tief berührt werden.

In einer anderen Inschrift fasst Sandra Boeschenstein ihre Experimente zusammen: „Dinge aussetzen und später wieder einsammeln." In der Zwischenzeit, dem einen oder anderen „Ereignis" ausgesetzt, verlieren die Dinge ihre Selbstverständlichkeit. Was als Neutrum vor unseren Augen stand, wird mit Bedeutung und Geschichte aufgeladen. Das Lexikalische und Definitorische der ikonographischen Zeichen löst sich auf, statt einer eindeutigen Sicht eröffnet sich eine Fülle von Möglichkeiten. *Das Mögliche ist – die Geschwindigkeit des Wirklichen*: Es ist durchaus Programm, dass Sandra Boeschenstein die Auffächerung der Bedeutungsschichten im Titel ihrer zweiten Publikation benennt (2003). Wenn die Künstlerin zuerst ein zeichnerisches Alphabet entwickelt hat, steigert sie nun die imaginative Kraft der Elemente, wohl wissend, dass Bild und Sprache je einer eigenen Logik folgen und unabhängig voneinander unsere Vorstellungswelt beflügeln. So versucht sie nicht mehr nur die Kombination, sondern lässt Bild und Sprache auch für sich stehen. Wir lesen und sehen und verweben dabei kontinuierlich unsere Vorstellungen zu einem dichten Geflecht von Erinnerungen und Assoziationen, bis wir nicht mehr wissen, welcher Wirklichkeit die Bilder vor unseren Augen eigentlich entstammen. So gerät die Welt mehr und mehr aus den Fugen und jeder Versuch, Ordnung zu machen (und Ansätze davon gibt es hier mehr als genug), kippt in sein Gegenteil. Sandra Boeschenstein treibt den Ordnungssinn gewissermassen ad absurdum. Doch statt sich in einer nihilistischen Weltsicht zu verlieren, öffnet sie Tür und Tor zu einem Vorstellungsraum, in dem andere als die vertrauten Gesetzmässigkeiten gelten und sich Zeiten und Räume dehnen. Wie aus dem Unterbewusstsein brechen die Bilder und Geschichten hervor. Obwohl sich die künstlerische Arbeit von Sandra Boeschenstein primär aus Alltagserfahrungen nährt, liegen hier auch Traumwelten nahe, zumal die Künstlerin in ihrem dritten Buch *Was sind deine Reste* (2004) nach dem fragt, was unser Bewusstsein tagtäglich ausscheidet und das irgendwo abgelegt darauf wartet, hervorgeholt zu werden: sei es im Traum oder in der künstlerischen Arbeit, im Zeichnen.

Das Zeichnen gilt gemeinhin als die künstlerische Tätigkeit, die den unmittelbarsten Ausdruck des Subjektes erlaubt, nahe beim Denken und Fühlen, nahe auch beim Unterbewusstsein. Diese Vorstellung vom Zeichnen braucht hier weder bestätigt noch widerlegt zu werden, hingegen ist der damit beschriebene Ort der Zeichnung für Sandra Boeschenstein von besonderer Bedeutung:

die Grenze zwischen Ich und Welt. Da setzt diese künstlerische Arbeit ein. In ihrem Werk finden sich denn auch zahlreiche Hinweise auf diese Grenze und sei es nur ein dunkles Loch auf der weissen Fläche des Papiers. Nur gibt es hier kein eindeutiges Innen und Aussen, kein Vorne und Hinten, kein Diesseits und Jenseits, aber immer wieder Möglichkeiten, vom einen Bereich in den andern zu wechseln: schauend, denkend, fühlend. In ihren Bildwelten zieht Sandra Boeschenstein immer wieder von Neuem Verbindungen, und es gelingt ihr, den einen Raum in den andern zu weiten. „Wie weit ist es hinter den Augen hell."

Stephan Kunz ist Kurator und stellvertretender Direktor am Aargauer Kunsthaus

Stephan Kunz

**"How Far Behind the Eyes is it Bright"**

No sleeping bag was ever this deep – deep as the night. Sandra Boeschenstein reproduces it in a line drawing practically as an apparition. Only its inside is filled with a dark black, from which the quilting seams twinkle like stars. What is depicted above is written in handwriting on the lower edge of the sheet: "Schlafsack" (sleeping bag). Picture and text are unmistakably in relation. And yet in between them an unsuspected space of meaning opens up: the pure functionality of the warming cover becomes a poetic image. The sleeping bag becomes a vessel; it protects not only against cold penetrating from the outside, but also from the inside, and protects sleep and dreams.

This drawing is found in the book *Ereignisse, grössere und kleinere* (events, larger and smaller, 2000), with which Sandra Boeschenstein first drew notice. It is hardly surprising that an artist book stands at the beginning of her career, because her early drawings live from the combination of image and text; they not only want to be viewed *and* read, they also demand a mode of reception that harmonizes well with the book, because it implies a primarily intellectual approach: Here, perception proceeds initially cognitively, through the mind, until in a second step logic and the familiar are pried away and get caught in contradictions. About 200 individual pictures coalesce in a collection that can be understood as an artistic credo: again and again we encounter a table, a bathtub, a refrigerator, rubber boots, or a dead fly. Below each of them, in handwriting, is a maxim as stimulus to thought: "Sometimes an animal dies in the corner of my eye and hinders my journey." This interruption, this disturbance is precisely the point: "The needle makes the hand luggage tricky." Such small "disturbances" grow and determine the scenery of more complex and multi-layered drawings, as well. Sandra Boeschenstein draws as she writes: always very clearly and precisely, so that her drawings seem like instruction manuals, wall charts, or diagrams. But instead of explaining the world, again and again they open up abysses, for example when in the construction plan for a bathtub the individual parts never come together because of "disagreement" (inscription) or the bee mistakes an insect collector's needle for a stalk to lick and gets "dusty eyes". "Security is a feeling", we read under another drawing, which radically casts doubt on how we move through the world and what we want to rely on. The gaze that Sandra Boeschenstein casts on people and the world is from the outside, but penetrates to the inside. In her drawings she often cites the camera and the microscope. She observes, practices with a model, and tests the emergency case: "Experiments are real" stands at the bottom of an empty sheet of paper — and could stand beneath all her drawings, because her experimental set-ups often have an existential dimension, and even the most objective depiction cannot protect us from being sought home by the uncanny and from being deeply touched, at least in imagination.

In another inscription, Sandra Boeschenstein summarizes her experiments: "Set things out there and later collect them again." In the meantime, exposed to this or that "event", the things lose their self-evidence. What presented itself to our eyes as neutral is charged with meaning and history. The lexical and definitional aspects of the iconographic signs dissolve; an unambiguous view gives way to a wealth of possibilities. *Das Mögliche ist – die Geschwindigkeit des Wirklichen* (the possible is – the speed of the real): it is clearly part of her program when Sandra Boeschenstein opens the fan of layers of meaning in the title of her second publication (2003). Where the artist initially developed an alphabet of drawing, she now intensifies the imaginative power of the elements, knowing full well that image and language each follow their own separate logics and give wings to our world of imagination independently of each other. She no longer tries out combination, but allows each – image and language – to stand alone. We read and see and continuously weave our imaginings into a dense network of memories and associations until we no longer know what reality is actually the source of the images before our eyes. In this way, the world grows more and more out of joint, and every attempt to order it (and there are more than enough such attempts) tips over into its opposite. Sandra Boeschenstein reduces the sense of order ad absurdum. But instead of losing herself in a nihilistic worldview, she opens the gates to a space of imagination in which other regularities than the familiar ones apply and in which time and space are stretched. As if out of the subconscious, images and stories pour forth. Although Sandra Boeschenstein's artistic work is nourished primarily by everyday experience, dream worlds are close at hand, especially because, in her third book *Was sind deine Reste* (What are your remnants, 2004), the artist asks what things our consciousness daily sheds, are deposited somewhere, and wait to be brought up again: in a dream or in artistic work, in drawing.

Drawing is generally considered the form of art that permits the most direct expression of subjectivity, the form that is closest to thinking and feeling and the subconscious. This idea of drawing need not be confirmed or disproved here, but the site of drawing thereby described is especially important for Sandra Boeschenstein: the boundary between the self and the world. And precisely here is where Sandra Boeschenstein's artistic work begins. In her oeuvre we find many references to this boundary, even if only as a dark hole in the white surface of the paper. But here there is no clear inside and outside, no front and back, no here and beyond, but always possibilities to move from one area to the other: looking, thinking, feeling. Again and again in her pictorial worlds, Sandra Boeschenstein creates new connections, and she is able to expand the one space into the other. "How Far Behind the Eyes is it Bright".

Stephan Kunz is Curator and Assistant Director at the Aargauer Kunsthaus

wie weit ist es hinter den Augen hell

der innerste m³ Berg ist vorstellungsmässig anspruchsvoll
weil ebenso dunkel wie in den Vorstellungsorganen selbst

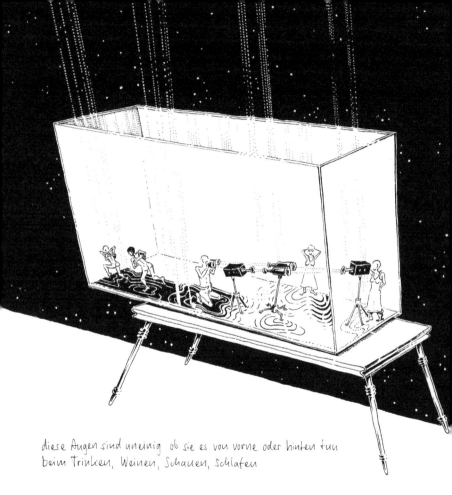

diese Augen sind uneinig ob sie es von vorne oder hinten tun
beim Trinken, Weinen, Schauen, Schlafen

wie weit ist es hinter den Augen nass

diese Augen bringen ihr Bett zum Weinen

dieses Bett weint für seine Augen

nass   trocken   nass   trocken   nass   trocken   nass   trocken   nass   trocken

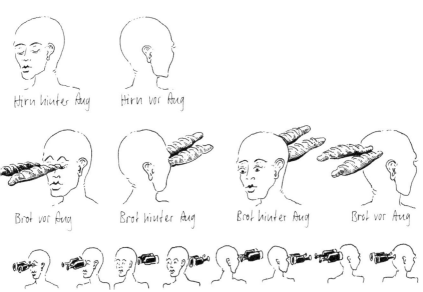

Hirn hinter Aug   Hirn vor Aug

Brot vor Aug   Brot hinter Aug   Brot hinter Aug   Brot vor Aug

F. vor A.   F. vor A.   F. hinter A.   F. hinter A.   A. vor F.   A. vor F.   A. hinter F.   A. hinter F.

augengebunden / augenungebunden     mit Aktionsrichtung / ohne Aktionsrichtung

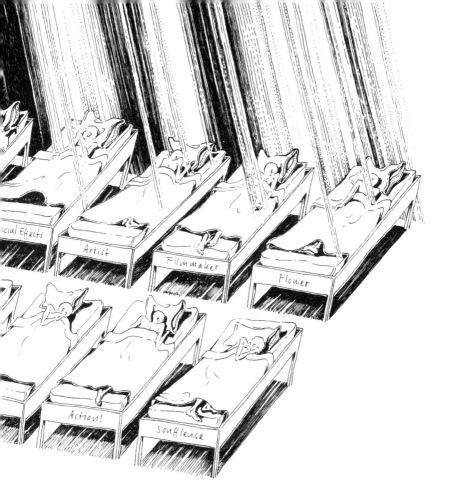

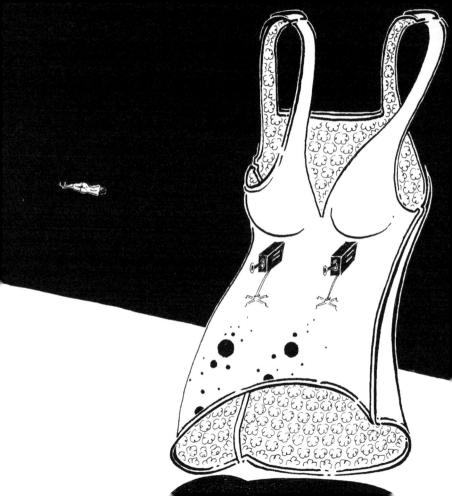

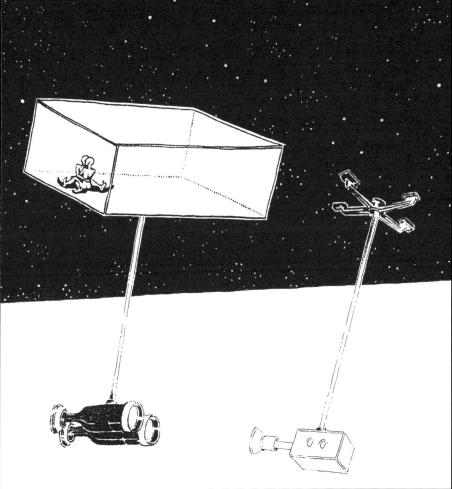

Sibylle Omlin
**In der Sehgrube**

„Wie weit ist es hinter den Augen hell" ist in einer Rauminstallation zu lesen, welche die Künstlerin Sandra Boeschenstein anlässlich ihres Aufenthaltes an der Akademie Schloss Solitude bei Stuttgart in Zusammenarbeit mit Nathalie Wolff im Jahr 2003 realisiert hat.[1] Die vorwiegend als Zeichnerin arbeitende Künstlerin Sandra Boeschenstein erhielt damals die Gelegenheit, einen ihrer Sätze, die sie sonst eher spielerisch oder beiläufig in ihre Skizzenhefte oder auf Zeichenblätter in feiner Schrift notiert, in den Raum zu installieren. Die beiden Kolleginnen entschieden sich, ein rechteckiges Stück Wand zu öffnen und den Satz vor die ausgehöhlte Backsteinstruktur zu positionieren. Der Satz steht auf einem rechteckigen Stück Glas, das die Maueröffnung verschliesst. Er wird in den ausgehöhlten Raum hineinprojiziert, sodass sich auch der Schatten des Satzes lesen lässt. Der Satz thematisiert sich somit in der ausgehöhlten Wand selber: einerseits als Titel zu der Arbeit, der erst über die Projektion klar lesbar wird, andererseits als Denkanstoss zur Wahrnehmung dieser kleinen Maueröffnung; sich zu überlegen, wie das Sehen von Dingen eigentlich zustande kommt.

Platon beschreibt in seinem „Höhlengleichnis" einige Menschen, die in einer unterirdischen Höhle von Kindheit an so festgebunden sind, dass sie weder ihre

Köpfe noch ihre Körper bewegen und deshalb immer nur auf die ihnen gegenüber liegende Höhlenwand blicken können.[2] Licht haben sie von einem Feuer, das hinter ihnen brennt. Zwischen dem Feuer und ihren Rücken werden Bilder und Gegenstände vorbeigetragen, die Schatten an die Wand werfen. Die „Gefangenen" können nur diese Schatten der Gegenstände sowie ihre eigenen Schatten wahrnehmen. Da sich die Welt der Gefangenen ausschliesslich um diese Schatten dreht, deuten und benennen sie diese, als handelte es sich bei ihnen um die wahre Welt.

Vieles an dieser kleinen Wandarbeit im Kellergeschoss der Akademie Schloss Solitude erinnert an dieses Gleichnis, das am Anfang unserer abendländischen Wahrnehmungstheorie steht. Die Augen – so erkannte die Menschheit schon in der Antike – sind die wichtigsten Wahrnehmungsorgane der höher entwickelten Wirbeltiere. Dem Menschen dienen die Sehorgane zur Bildwahrnehmung. Oculus, eine runde Öffnung, bezeichnet den Raum am Kopf, worin das Auge sitzt und die Reize für die visuelle Sinneswahrnehmung einlässt. Der arabische Wissenschaftler Alhazen oder Ibn al-Haytham (965–1040) bewies als erster, dass die visuelle Wahrnehmung mit dem Licht zusammenhängt, das ins Auge fällt. Er stellte die Hypothese auf, dass die Sehwahrnehmung im Gehirn und nicht im Auge stattfindet, und versuchte dies durch erste Versuche zu beweisen.[3]

Der Universalkünstler der Renaissance, Leonardo da Vinci (1452–1519) befasste sich intensiv mit der physiologischen Besonderheit des menschlichen Auges und führte optische Experimente durch. Er ist der Entdecker des Unterschieds zwischen fovealem und peripherem Sehen.[4] Die Zone im Augapfel, nahe dem Austritt des Sehnervs, nennt man Fovea: Sehgrube. Dort ereignet sich die Bündelung aller Sehdaten, wenn das Auge exakt auf einen bestimmten Fixationspunkt ausgerichtet ist.[5] In den Fotorezeptoren des Auges erzeugen die absorbierten elektromagnetischen Lichtstrahlen mit einer Wellenlänge zwischen 380 nm und 780 nm Änderungen in der Erregung der vom Auge ableitenden Nervenbahnen. Das Auge steht am Anfang der Sehbahn, die im Gehirn die Erregungszustände zum visuellen Cortex weiterleitet. Dort und in anderen Gehirnzentren werden die vom Auge stammenden Erregungsmuster schliesslich zu optischen Wahrnehmungen verarbeitet.

Somit ist der Raum hinter den Augäpfeln eigentlich der Raum des Schädels und des Hirnes. Der Raum im Schädel lässt sich als ein vom Tageslicht kaum erhellter Raum vorstellen. In der Tat sind die Augen äusserst empfindliche Sinnesorgane. Umgeben von Nasen-, Joch-, Tränen- und Stirnbein liegen sie geschützt, eingebettet in ein Fettpolster, in den knöchernen Augenhöhlen des Schädels: in den so genannten Orbita. Beim Menschen ist diese Höhle etwa 4 bis 5 cm tief. Ob Licht in diese Orbita real einfällt, ist ungewiss; auch ist anzunehmen, dass das Innere des Schädelraums vom äusseren Tageslicht nur schwach beleuchtet wird und als eher dunkelroter Raum von Fleisch und Knochen besteht.

„Wie weit ist es hinter den Augen hell": Was also die Vorstellung der Künstlerin Sandra Boeschenstein reizt, ist der Weg des Lichts, der optischen und nervlichen Reize beim Sehen bis weit hinein in die unergründliche Masse des Gehirns. Der Kopf als geheimnisvolle Raumkapsel, die dem elektromagnetischen Reiz des Lichtes einen Raum zur eigentlichen Bildwahrnehmung bahnt.

Mit ihren Zeichnungen schafft Sandra Boeschenstein gedankliche Modellräume. Die Künstlerin führt auf den Zeichenblättern zudem vor Augen, wie brüchig gedankliche Ordnungen sind – wie sowohl Wort als auch Bild eine eigene Logik entwickeln können. „Das Wesentliche liegt nicht in den Dingen, sondern in der Bewegung zwischen ihnen", folgert die Künstlerin anlässlich eines Gesprächs während ihrer Ausstellung „Mikroskopieren im Durchzug" im Institut für moderne Kunst Nürnberg im Frühling 2004.[6]

Oft stapelt die Künstlerin räumliche Varianten der gleichen Situation im Blatt neben- oder übereinander, auf verschiedenen Tischen oder in wie gläserne Experimentierkästen anmutende Abteilungen. So zum Beispiel auf dem wiederum mit dem gleichen Satz – „wie weit ist es hinter den Augen hell" – versehenen Zeichenblatt, das sie für das Journal des Museion in Bozen anfertigte. Sechs verschiedene Raumansichten, in denen eine nackte Frau auf einem Untersuchungstisch liegend oder sitzend zu sehen ist, sind neben- und übereinander angeordnet, von einer gepunkteten Linie miteinander verbunden, die ein kleiner Frachter in der rechten unteren Bildecke zu hinterlassen scheint. Eine nackte Glühbirne hängt vom oberen Bildrand in den Raum der Zeichnung hinein. In einem der Räume wird geschrieben: „Licht ist immer neu". In einem andern Raum, in dem die Frau auf dem Untersuchungstisch liegt, die Füsse von zwei Lampen bestrahlt, steht die Frage „woher kommt das Licht in den Vorstellungen".

Die Räume, die Sandra Boeschenstein in ihren Zeichnungen entwirft, sind imaginierte Räume. Sie sind zwar rudimentär von perspektivischen Grundsätzen der Raumdarstellung bestimmt, doch finden in diesen gezeichneten Räumen mehr Ungereimtheiten statt als Wirklichkeiten. Seltsam schematisiert, werden Dinge und Menschen mit angedeuteten Linien wie in Wissenschaftsdiagrammen miteinander in Beziehung gebracht. Oft wird die Zeichnung von einer Art sprachlichen Legende untermalt, meist einem rätselhaften Satz, der nicht wirklich Licht ins Schematische der Darstellung bringt. Auffallend viele Elemente werden wiederholt, im Blatt selber oder von Zeichnung zu Zeichnung weitergetragen, sodass ein System entsteht, das die Verbindung von Wahrnehmung und Denken stets von Neuem thematisiert. Die Entschlüsselung der Zeichen dieses Systems bleibt jedoch im Dunkeln.

„der innerste m$^3$ Berg ist vorstellungsmässig anspruchsvoll weil ebenso dunkel wie in den Vorstellungsorganen selbst", schreibt Sandra Boeschenstein in einer ihrer Zeichnungen im Zyklus dieses Booklets. Sie umreisst eine Raumsituation, bestückt mit einem Modell von einem aufgeklappten Berg, einer Kamera auf Stativ, einem knienden nackten Menschen und einem vor einem Berg knienden weiteren Nackten, der mit einer Hand dem Umriss seines Schattens nachfährt. Es könnte wiederum eine Reminiszenz an Platons Höhlengleichnis sein.

In der Sehgrube im Augapfel, nahe am Ausgang des Sehnervs, werden alle optischen Sehdaten gesammelt und zum ersten Mal in nervliche elektronische Signale verarbeitet. Die Sehgrube ist auch die Stelle mit der grösstmöglichen Abbildungsschärfe. Das Auge kann aber nur während der Verweildauer von etwa 0,2 bis 0,3 Sekunden auf einem solchen Fixationspunkt verharren. Das Sehen ist somit eine äusserst bewegliche Angelegenheit. Die permanenten optischen Reize halten unser Sehorgan auf Trab.

Und auch die Künstlerin Sandra Boeschenstein scheint in permanente Schwingung versetzt zu sein, könnten doch die vielen repetierten Elemente und Wiederholungen als Indiz dafür interpretiert werden, dass vieles in ihren Zeichnungen nicht auf einen einzigen Fixationspunkt hin ausgerichtet werden kann, sondern immer wieder aufs Neue ausgebreitet und verarbeitet werden muss, meist auf einem weiteren Blatt.

Nichts in Sandra Boeschensteins Zeichnung ist zwingend miteinander in Beziehung zu setzen. Und dennoch ist man fest davon überzeugt, dass diese An-ordnungen irgendeinen rätselhaften Sinn haben müssen, denn die Seh- und Denklinien führen alle in den Kopf der Künstlerin zurück. Und somit in ihr körperlich erfahrenes Sichtfeld.

Sibylle Omlin ist Kunstwissenschaftlerin und lehrt am Institut Kunst der Hochschule für Gestaltung und Kunst in Basel Kunsttheorie und Kulturwissenschaften. Sie interessiert sich besonders für Schnittstellen zwischen Kunst und Wissenschaft.

1 Anlässlich der Ausstellung *Diskrete Einbrüche in Mauern und Augen*, Akademie Schloss Solitude, Stuttgart 2003.
2 Platon, *Politeia*, Siebentes Buch, Das Höhlengleichnis. Beschreibung der Lage der Gefangenen, 106a bis 106d. (in der Übersetzung von Friedrich Schleiermacher). In: Rudolf Rehn (Hg.): *Platons Höhlengleichnis. Das Siebte Buch der Politeia*. Griechisch-Deutsch, Dietrichsche Verlagsbuchhandlung, Mainz 2005, 517b1-7.
3 Bradley Steffens, *Ibn al-Haytham: First Scientist*, Morgan Reynolds Publishing 2006.
4 Hans-Werner Hunziker, *Im Auge des Lesers: foveale und periphere Wahrnehmung – vom Buchstabieren zur Lesefreude*, Transmedia Stäubli Verlag, Zürich 2006
5 Peripheres Sehen hingegen ist ein Teilbereich des Sehens, das grobe, unscharfe und optisch verzerrte Seheindrücke ausserhalb des Fixationspunktes liefert.
6 Christian Mückl, *Restrisiko im kartografierten Kopf. Tuschezeichnungen von trügerischer Ordnung*, in: Nürnberger Zeitung, 26.2.2004

Sibylle Omlin
## In the Fovea Centralis

"How Far Behind the Eyes is it Bright" can be read in a room installation that the artist Sandra Boeschenstein realized in collaboration with Nathalie Wolff in 2003 on the occasion of her residence at the Akademie Schloss Solitude near Stuttgart.[1] At that time, Sandra Boeschenstein, an artist who primarily draws, was given the opportunity to create a room installation out of one of the sentences that she otherwise playfully or incidentally notes, in a delicate hand, in her sketchbooks or in drawings. The two colleagues decided to open up a rectangular piece of the wall and to position the sentence in front of the hollowed-out brick structure. The sentence is written on a rectangular piece of glass that fills the opening in the wall. It is projected into the hollowed-out space, so that the shadow of the sentence can also be read. The sentence thereby refers to itself in the hollowed-out wall: on the one hand, as the work's title, which can be read clearly only by means of this projection; and on the other hand, as a suggestion for perceiving this small opening in the wall and for considering how seeing things actually comes about.

In his "parable of the cave", Plato describes a group of people who have been fettered since childhood in an underground cave in such a way that they can move neither their heads nor their bodies and thus always see only the opposite wall of the cave.[2] A fire burning behind them provides light. Pictures and objects are carried past them behind their backs, and the fire casts shadows of these objects on the wall. These "prisoners" can see only these shadows of objects and of themselves. Since the world of the prisoners revolves solely around these shadows, they interpret and refer to them as if they were the real world.

Much about this little wall piece in the cellar of the Akademie Schloss Solitude is reminiscent of this parable that stands at the beginning of our Western epistemology. People in Antiquity already recognized that the eyes are the most important sense organs of the higher vertebrates. The visual organs serve human beings' pictorial perception. Oculus, "round opening", is the term for the space in the head in which the eye is located and which lets in stimuli for visual perception. The Arabic scientist Alhazen or Ibn al-Haytham (965–1040) was the first to prove that visual perception is connected with the light that enters the eye. He formulated the hypothesis that visual perception takes place in the brain, not the eye, and he tried to prove this with early experiments.[3]

The universal artist of the Renaissance, Leonardo da Vinci (1452–1519), intensely studied the physiological specificity of the human eye and carried out optical experiments. He is the discoverer of the difference between foveal and peripheral sight.[4] A zone in the retina near the end of the optic nerve is called the fovea. This is where all visual data are bundled when the eye is directed at a specific fixation point.[5] In the eye's photoreceptors, the absorbed electromagnetic waves with a wavelength between 380 nm and 780 nm produce changes in the level of stimulus in the nerves leading away from the eye. The eye is at the beginning of the visual pathway that conveys the level of stimulus to the visual cortex in the brain. There and in other centers in the brain, the pattern of stimuli coming from the eye is finally processed into visual perception.

This means that the space behind the eyeballs is actually that of the skull and the brain. The space in the skull can be imagined as one hardly illuminated by the light of day. Indeed, the eyes are extremely sensitive sense organs. Surrounded by the nasal bone, the cheekbone, the lacrimal bone, and the frontal bone, they are protected, embedded in a cushion of fat within the skull's bony eye sockets, the orbits. In humans, this hollow is about 4 to 5 cm deep. It is not known whether light finds entry to these orbits; it can be assumed that the interior of the skull is only weakly illuminated by external light, if at all; it consists, rather, of a dark red space of flesh and bones.

"How Far Behind the Eyes is it Bright": So what stimulates the imagination of the artist Sandra Boeschenstein is the path of the light, of the optical nerve stimuli while seeing, deep into the inscrutable mass of the brain. The head as a mysterious space capsule that opens a space for the electromagnetic stimulus of light for actual pictorial perception.

With her drawings, Sandra Boeschenstein creates mental model spaces. In them, the artist also opens our eyes to the fragility of the orders of thought and how both word and image can develop their own separate logics. "What is essential is not in the things, but in the motion between them", concludes the artist in a talk during her exhibition "Mikroskopieren im Durchzug" (viewing through the microscope in the draft) at the Institut für moderne Kunst Nürnberg in Spring 2004.[6]

On drawing paper, the artist often stacks spatial variants of the same situation beside or on top of each other, on different tables, or in divisions that seem like glass boxes for experimentation. For example, in the drawing in which she has written the same sentence again and again – "wie weit ist es hinter den Augen hell" (how far behind the eyes is it bright) – which she created for the Journal of the Museion in Bozen. Six different views of a room in which a naked woman can be seen lying or sitting, all arranged beside or above and below each other, connected by a dotted line that seems to be the wake left behind by a small freighter in the lower right corner. A bare light bulb hangs from the upper margin of the picture into the space of the drawing. In one of the rooms is the inscription: "Licht ist immer neu" (light is always new). In another room, where the woman lies on an examination table with her feet illuminated by two lamps, we read the question "woher kommt das Licht in den Vorstellungen" (from whence comes the light into the ideas/performances).

The spaces that Sandra Boeschenstein designs in her drawings are imagined spaces. They are rudimentarily shaped by the fundamental rules of spatial perspective, but there are more inconsistencies than realities in these drawn rooms. Oddly schematized, things and people are brought into connection with each other with hints of lines, as in scientific diagrams. Often the drawing is underlain with a kind of verbal legend, usually an enigmatic sentence that does not really cast light onto the schematic quality of the depiction. A conspicuously large number of elements are repeated, either in one drawing or carried from one drawing to the next, giving rise to a system that makes the connection between perception and thought into a theme again and again. But what the signs of this system would be if deciphered remains in the dark.

"der innerste $m^3$ Berg ist vorstellungsmässig anspruchsvoll weil ebenso dunkel wie in den Vorstellungsorganen selbst" (the innermost $m^3$ mountain is demanding in imagination because it is as dark as in the organs of imagination themselves), writes Sandra Boeschenstein in one of her drawings in the series in this booklet. She outlines a spatial situation, equipped with a model of a folded-out mountain, a camera on a tripod, a kneeling nude, and another nude kneeling in front of a mountain who traces the contour of his own shadow with his hand. This, too, could be a reminiscence of Plato's parable of the cave.

In the fovea centralis within the eyeball, near the end of the optical nerve, all optical data are collected and processed into electronic nerve signals for the first time. The fovea is also the part of the eye with the highest resolution of the image. But the eye can focus on one fixation point for a period of only about 0.2 to 0.3 seconds. Sight is thus an extremely mobile matter. The constant optical stimuli keep our visual organ on the run.

And the artist Sandra Boeschenstein also seems to be set in constant vibration; after all, the many repeated elements can be interpreted as an indication that much in her drawings cannot be oriented toward a single fixation point, but must be spread out and processed again and again, usually in another drawing.

Nothing in Sandra Boeschenstein's drawing must be set in relationship with each other. And yet the viewer is firmly convinced that these arrangements must have some mysterious sense, because the lines of sight and thought all run back into the artist's head. And thus into her bodily experienced field of vision.

Sibylle Omlin is an art scholar and teaches Art Theory and Cultural Studies at the Institut Kunst der Hochschule für Gestaltung und Kunst in Basel. She is especially interested in interfaces between art and science.

1 On the occasion of the exhibition *Diskrete Einbrüche in Mauern und Augen*, Akademie Schloss Solitude, Stuttgart 2003.
2 Plato, *Politeia*, seventh book, the parable of the cave. Description of the situation of the captives, 106a to 106d (in Friedrich Schleiermacher's German translation) and in: Rudolf Rehn (ed): *Platons Höhlengleichnis. Das Siebte Buch der Politeia*. Griechisch-Deutsch, Dietrichsche Verlagsbuchhandlung, Mainz 2005, 517b1-7.
3 Bradley Steffens. *Ibn al-Haytham: First Scientist*, Morgan Reynolds Publishing 2006.
4 Hans-Werner Hunziker, *Im Auge des Lesers: foveale und periphere Wahrnehmung – vom Buchstabieren zur Lesefreude*, Transmedia Staubli Verlag, Zurich 2006.
5 Peripheral vision, by contrast, is a partial area of sight that provides coarse, blurred, and optically distorted visual impressions from outside the fixation point.
6 Christian Mückl, *Restrisiko im kartografierten Kopf. Tuschezeichnungen von trugerischer Ordnung*, in: Nürnberger Zeitung, Feb. 26, 2004.

**Biographie
Sandra Boeschenstein**

1967 geboren in Zürich
1988–89 Studium der Philosophie und
Kunstgeschichte an der Universität Zürich
1989–95 Schule für Gestaltung/
Universität Bern

**Einzelausstellungen**
2001
- Experimente sind echt, Galerie & Edition
Marlene Frei, Zürich
2003
- Galerie & Edition Marlene Frei, Zürich
- Das Mögliche ist die Geschwindigkeit des
Wirklichen, Museum zu Allerheiligen/
Kunstverein Schaffhausen
2004
- Mikroskopieren im Durchzug,
Institut für moderne Kunst, Nürnberg
- Was sind deine Reste, Akademie Schloss
Solitude, Stuttgart
2006
- Galerie & Edition Marlene Frei, Zürich
2009
- Aargauer Kunsthaus, Aarau

**Gruppenausstellungen (Auswahl)**
1999
- kunstFABRIKaktion, Shedhalle, Zürich
2000
- Recherches, Hans Trudel-Haus Galerie
und Stiftung, Baden

2001
- Ernte 2001, Museum zu Allerheiligen/
Kunstverein Schaffhausen
2002
- hunderte verschieben das Vollbad,
Bild-/Tonprojekt mit Annette Schmucki,
Uraufführung: Collegium Novum Zürich,
Haus Konstruktiv, Zürich
- Eins nach dem Anderen, Galerie & Edition
Marlene Frei, Zürich
2003
- Diskrete Einbrüche in Mauern und Augen,
mit Nathalie Wolff, Akademie Schloss
Solitude, Stuttgart
- Dinge, Galerie & Edition Marlene Frei, Zürich
2004
- In erster Linie...,
Kunsthalle Fridericianum, Kassel
- Her und Hin, Galerie K&S, Berlin
- Die Singenkunst 2004, Städtisches
Kunstmuseum Singen
- Her und Hin, PRESS TO EXIT Gallery,
Pro Helvetia, Skopje
2005
- ART ist's, Galerie & Edition Marlene Frei, Zürich
2007
- dessine-moi un mouton, Positionen zeitgenössischer Zeichnung, Kunstmuseum des Kantons Thurgau
- Übergangsräume – Potential Spaces,
Württembergischer Kunstverein Stuttgart
2008
- wollust, the presence of absence, columbus
art foundation, Leipzig

**Biography**
**Sandra Boeschenstein**

1967 Born in Zurich
1988–89 Studied Philosophy and Art History at the University of Zurich
1989–95 School of Visual Arts/
University of Bern

**Solo exhibitions**
2001
- Experimente sind echt, Galerie & Edition Marlene Frei, Zurich
2003
- Galerie & Edition Marlene Frei, Zurich
- Das Mögliche ist die Geschwindigkeit des Wirklichen, Museum zu Allerheiligen/ Kunstverein Schaffhausen
2004
- Mikroskopieren im Durchzug, Institut für moderne Kunst, Nuremberg
- Was sind deine Reste, Akademie Schloss Solitude, Stuttgart
2006
- Galerie & Edition Marlene Frei, Zurich
2009
- Aargauer Kunsthaus, Aarau

**Group exhibitions (selection)**
1999
- kunstFABRIKaktion, Shedhalle, Zurich
2000
- Recherches, Hans Trudel-Haus Galerie und Stiftung, Baden
2001
- Ernte 2001, Museum zu Allerheiligen/ Kunstverein Schaffhausen
2002
- hunderte verschieben das Vollbad, picture/ sound project with Annette Schmucki, world premiere: Collegium Novum Zürich, Haus Konstruktiv, Zurich
- Eins nach dem Anderen, Galerie & Edition Marlene Frei, Zurich
2003
- Diskrete Einbrüche in Mauern und Augen, with Nathalie Wolff, Akademie Schloss Solitude, Stuttgart
- Dinge, Galerie & Edition Marlene Frei, Zurich
2004
- In erster Linie..., Kunsthalle Fridericianum, Kassel
- Her und Hin, Galerie K&S, Berlin
- Die Singenkunst 2004, Städtisches Kunstmuseum Singen
- Her und Hin, PRESS TO EXIT Gallery, Pro Helvetia, Skopje
2005
- ART ist's, Galerie & Edition Marlene Frei, Zurich
2007
- dessine-moi un mouton, Positionen zeitgenössischer Zeichnung, Kunstmuseum des Kantons Thurgau
- Übergangsräume – Potential Spaces, Württembergischer Kunstverein Stuttgart
2008
- wollust, the presence of absence, columbus art foundation, Leipzig

## Stipendien

2000/01/02
- Studien- und Werkbeiträge des Kantons Zürich

2003/04
- Atelierstipendium Akademie Schloss Solitude, Stuttgart

2005
Atelierstipendium Berlin des Kantons Schaffhausen

2005/06
- Atelierstipendium Berlin der Zuger Kulturstiftung Landis & Gyr

2006/07
- Atelierstipendium der Landesregierung NRW in Schöppingen

2008/09
- Atelierstipendium Paris des Kantons Zürich

## Publikationen

2000
- Ereignisse, grössere und kleinere, Edition Eva Bechstein, Zürich

2003
- Das Mögliche ist die Geschwindigkeit des Wirklichen, Museum zu Allerheiligen/ Kunstverein Schaffhausen, Galerie & Edition Marlene Frei, Zürich

2004
- Was sind deine Reste, Merz & Solitude, Stuttgart

2009
- Sandra Boeschenstein, Sechs filmische Kapitel von Edith Jud, Edition Marlene Frei, Zürich

## Katalogbeteiligungen, Beiträge in Zeitschriften (Auswahl)

2002
- Blickverkehr, Entwürfe, Zeitschrift für Literatur, Nr. 29, Zürich

2004
- In erster Linie... 21 Künstlerinnen und das Medium Zeichnung, Kunsthalle Fridericianum, Kassel

2006
- D magazine, Revolver – Archiv für aktuelle Kunst, Frankfurt a.M.

2007
- dessine-moi un mouton, Positionen zeitgenössischer Zeichnung, Kunstmuseum des Kantons Thurgau

2007/08
- Regelmässig zeichnerische Beiträge im Museion Journal, Museum für moderne und zeitgenössische Kunst Bozen

## Grants

2000/01/02
- Study and work contributions of the canton Zurich

2003/04
- Studio grant Akademie Schloss Solitude, Stuttgart

2005
- Studio grant Berlin of the canton Schaffhausen

2005/06
- Studio grant Berlin of the Zuger Kulturstiftung Landis & Gyr

2006/07
- Studio grant of the state of North Rhine-Westphalia in Schöppingen

2008/09
- Studio grant Paris of the canton Zurich

## Publications

2000
- Ereignisse, grössere und kleinere, Edition Eva Bechstein, Zurich

2003
- Das Mögliche ist die Geschwindigkeit des Wirklichen, Museum zu Allerheiligen/ Kunstverein Schaffhausen, Galerie & Edition Marlene Frei, Zurich

2004
- Was sind deine Reste, Merz & Solitude, Stuttgart

2009
- Sandra Boeschenstein, Six Cinematic Chapters by Edith Jud, Edition Marlene Frei, Zurich

## Catalog participations, articles in magazines (selection)

2002
- Blickverkehr, Entwürfe, Zeitschrift für Literatur, No. 29, Zurich

2004
- In erster Linie... 21 Künstlerinnen und das Medium Zeichnung, Kunsthalle Fridericianum, Kassel

2006
- D magazine, Revolver – Archiv für aktuelle Kunst, Frankfurt am Main

2007
- dessine-moi un mouton, Positionen zeitgenössischer Zeichnung, Kunstmuseum des Kantons Thurgau

2007/08
- Drawings published regularly in the Museion Journal, Museum für moderne und zeitgenössische Kunst Bozen

**Bio- und Filmographie**
**Edith Jud**

Publizistin und Filmerin, geboren 1946 in der Schweiz. Lebt in Zürich und Berlin

- 1967/68 Studien an der Sorbonne Paris, franz. Literatur und Kunstgeschichte
- 1974 Studienaufenthalt in London, Literatur und Kunstgeschichte
- 1978/79 Studienaufenthalt in Bombay, Frauenuniversität, Studien indische Philosophie und Frauengeschichte
- 1982/83 New York, School of Visual Arts
- Dokumentarfilme, Themensendungen, Beiträge auf SF DRS (Sternstunden) und 3sat, Schwerpunkt Kultur und Gender
- 2000–2003 (gelegentliche) Lehrtätigkeit an der Höheren Schule für Gestaltung Zürich

**Filme (Auswahl)**
- Ägni Lüüt, Dokumentarfilm, Porträt über die speziellen Leute in Appenzell, SF DRS, 55 Min., 1989
- Matias Spescha, Verein Künstlervideo, 45 Min., 1991
- Miriam Cahn, Verein Künstlervideo, Dokumentarfilm, 30 Min., 1993
- Die lachenden Aussenseiter, Dokumentation über improvisierte Musik, SF DRS, 45 Min., 1993
- Alpenswing, Ursprünge des Jazz in der Schweiz, SF DRS, 35 Min., 1995
- Ich und Ich, Pipilotti Rist und Hannah Villiger an der Kunstbiennale in São Paulo, 28 Min., 1994, Auftrag Bundesamt für Kultur, Schweiz
- Liebe, Leidenschaft, Vollendung, die Schätze der Fondation Beyeler in Riehen, SF DRS/3sat, 60 Min., 1997
- Raum – Stadt – Bauten, neue Architektur in der französischen Schweiz. Zusammenarbeit Universität Lausanne und der Zeitschrift Hochparterre, SF DRS/3sat, 60 Min., 1998
- Carl Laszlo, Der Kultsammler Kunstsammler und Jahrhundertphänomen, 3sat, 30 Min., 1999
- Ich – Hannah Villiger, retrospektives Porträt, SF DRS/3sat, 28 Min., 2001
- Iwan Wirth, Der Kunstsinnliche, 3sat, 30 Min., 2001
- Dieter Roth, Dokumentarfilm 35 mm, 115 Min., 2003, UNESCO-Auszeichnung
- Dieter Roth, Die grosse Gartenskulptur, ARTE, 25 Min., 2003
- Annelies Strba, Präzision der Unschärfe, 3sat, 30 Min., 2003
- Miriam Cahn, Ohne Umwege, ein Porträt, SF DRS/3sat, 55 Min., 2004
- Jean-Christophe Ammann, Der Kunstimpresario, SF DRS/3sat, 58 Min., 2006

**Texte über Arbeiten von (Auswahl)**
Ingeborg Lüscher / Matias Spescha / Rémy Markowitsch / Dieter Roth / Miriam Cahn

## Biofilmography
### Edith Jud

Journalist and filmmaker, born in 1946 in Switzerland. Lives in Zurich and Berlin

- 1967/68 Studied French Literature and Art History at the Sorbonne, Paris
- 1974 Study residence in London, Literature and Art History
- 1978/79 Study residence at the Women's University in Bombay, studied Indian Philosophy and Women's History
- 1982/83 New York, School of Visual Arts
- Documentary films, thematic broadcasts, reports on SF DRS and 3sat television, emphasis: culture and gender
- 2000 – 2003 (occasional) teaching at the Höhere Schule für Gestaltung (college of design), Zurich

### Films (selection)
- Agni Lüüt, documentary film, portrait of the special kind of people in Appenzell, SF DRS, 55 min., 1989
- Matias Spescha, Verein Künstlervideo (artist video association), 45 min., 1991
- Miriam Cahn, documentary, Verein Künstlervideo, 30 min., 1993
- Die lachenden Aussenseiter, documentation on improvised music, SF DRS, 45 min., 1993
- Alpenswing, origins of jazz in Switzerland, SF DRS, 35 Min., 1995
- Ich und Ich, Pipilotti Rist und Hannah Villiger at the art biennial in São Paulo, 28 Min., 1994, commissioned by the Swiss Bundesamt für Kultur (federal office of culture)
- Liebe, Leidenschaft, Vollendung, the treasures of the Fondation Beyeler in Riehen, SF DRS/3sat, 60 min., 1997
- Raum – Stadt – Bauten, new architecture in French-speaking Switzerland. Collaboration with Lausanne University and the magazine Hochparterre, SF DRS/3sat, 60 min., 1998
- Carl Laszlo, Der Kultsammler art collector and phenomenon of the century, 3sat, 30 min., 1999
- Ich – Hannah Villiger, retrospective portrait, SF DRS/3sat, 28 min., 2001
- Iwan Wirth, Der Kunstsinnliche, 3sat, 30 min., 2001
- Dieter Roth, 35 mm documentary film, 115 min., 2003, UNESCO award
- Dieter Roth, Die grosse Gartenskulptur, ARTE, 25 min., 2003
- Annelies Strba, Präzision der Unschärfe, 3sat, 30 min., 2003
- Miriam Cahn, Ohne Umwege, a portrait, SF DRS/3sat, 55 min., 2004
- Jean-Christophe Ammann, The Art Impresario, SF DRS/3sat, 58 min., 2006

### Texts on Edith Jud's works (selection)
Ingeborg Lüscher / Matias Spescha / Rémy Markowitsch / Dieter Roth / Miriam Cahn

Diese Publikation erscheint parallel zur Ausstellung / This publication accompanies the exhibition

Sandra Boeschenstein
Wie weit ist es hinter den Augen hell
How Far Behind the Eyes is it Bright
Aargauer Kunsthaus, Aarau, 24.1. – 3.5.2009
Kuratiert von / Curated by Stephan Kunz,
Aargauer Kunsthaus, Aarau


Diese Publikation mit DVD entstand durch die grosszügige Unterstützung von /
This publication with DVD was produced with the generous support of

Art & Weise, Luzern
Ernst und Olga Gubler-Hablützel Stiftung, Zürich
Kulturstiftung Winterthur, Winterthur
Präsidialdepartement der Stadt Zürich
Steo-Stiftung, Küsnacht
Siftung Erna und Curt Burgauer, Zürich
Erziehungsdepartement des Kantons
Schaffhausen (Dr. Julius-Weber-Fonds)
Stiftung für die Frau, Zürich

Wir danken herzlich / We cordially thank

Paul Avondet
Angelina Bucheli
Eveline und Hans-Dieter Cleven
Daniel Dubach
Gregor Furrer
Waldemar Kliesing
Sephan Knorr
Kristina Konrad
Stephan Kunz
Tania Prill
Emil Rey
Lieni Roffler
Kurt Schärer
Madeleine Schuppli
Frank und Carola Schwertfeger
Conny Schwierz
Markus Stegmann
Alberto Vieceli
Franz Wassmer
Beat Wismer
Steffen Wohlfarth

## Impressum / Imprint

### DVD

Konzept und Realisation/Concept and realization: Edith Jud
Kamera / Camera: Edith Jud, Paul Avondet, Kristina Konrad, Joder Machaz, Steffen Wohlfarth, Markus Zeugin
Ton / Sound: Edith Jud, Steffen Wohlfarth
Soundesign: Benno Hofer, Edith Jud
Musik / Music: Christoph Gallio
Schnitt / Editing: Edith Jud, Steffen Wohlfarth
Herstellung DVD / Production DVD: docdata media gmbh, Berlin

### Booklet

Konzept und Realisation / Concept and Realisation:
Sandra Boeschenstein, Marlene Frei, Edith Jud
Texte / Texts: Edith Jud, Stephan Kunz, Sibylle Omlin, Sandra Boeschenstein
Übersetzung / Translation: Mitch Cohen
Korrektorat / Proofreading: Emil Rey
Video Stills: Edith Jud
Zeichnungen / Drawings: Sandra Boeschenstein, Wie weit ist es hinter den Augen hell / How Far Behind the Eyes is it Bright, 2008
Gestaltung / Design: Prill & Vieceli, www.prill-vieceli.cc
Druck und Bindung / Printing and Binding: Buschö Druckerei Schöftland AG

### Buchhandelsvertrieb / Distribution to bookstores
Verlag für moderne Kunst Nürnberg
ISBN 978-3-941185-09-8

### Verlag / Publisher
Galerie & Edition Marlene Frei
Zwinglistrasse 36, CH-8004 Zürich
www.marlenefrei.com
ISBN 978-3-905657-21-0

### Auflage / Edition: 2000

### Copyright DVD: © 2009
Edith Jud, Zürich, Berlin
Alle Rechte vorbehalten / All rights reserved

Alle Rechte vorbehalten, insbesondere das Recht der mechanischen, elektronischen oder fotografischen Vervielfältigung, der Einspeicherung und Verarbeitung in elektronischen Systemen, des Nachdrucks in Zeitschriften und Zeitungen, des öffentlichen Vortrags, der Verfilmung oder Dramatisierung, der Übertragung durch Rundfunk, Fernsehen oder Video, auch einzelner Text-/Bildteile. Der gewerbliche Verleih dieser DVD bedarf in jedem Fall der schriftlichen Genehmigung von Edith Jud.

### Copyright Booklet: © 2009
Sandra Boeschenstein, Verlag und Autoren / publisher and authors
Alle Rechte vorbehalten / All rights reserved

des Raum bei zu wenig Zeit ist wie die Augen bei zu wenig Licht